W9-CKL-413

DISCARD

DISCARD

Historias de fiestas

Halloween

Jennifer Blizin Gillis

Heinemann Library
Chicago, Illinois

HEINEMANN-RAINTREE

TO ORDER:

☎ Phone Customer Service **888-454-2279**

🖥 Visit **www.heinemannraintree.com** to browse our catalog and order online.

©2008 Heinemann-Raintree
a division of Pearson Education Limited
Chicago, Illinois

All rights reserved. No part of this publication may be reproduced or transmitted in any form or by any means, electronic or mechanical, including photocopying, recording, taping, or any information storage and retrieval system, without permission in writing from the publisher.

Editorial: Rebecca Rissman
Design: Kimberly R. Miracle and Tony Miracle
Picture Research: Kathy Creech and Tracy Cummins
Production: Duncan Gilbert

Originated by Chroma Graphics (Overseas) Pte. Ltd
Printed and bound in China by South China Printing Co. Ltd.
Translation into Spanish by DoubleO Publishing Services

ISBN-13: 978-1-4329-1959-7 (hb)
ISBN-10: 1-4329-1959-8 (hb)
ISBN-13: 978-1-4329-1966-5 (pb)
ISBN-10: 1-4329-1966-0 (pb)

12 11 10 09 08
10 9 8 7 6 5 4 3 2 1

Library of Congress Cataloging-in-Publication Data

Gillis, Jennifer Blizin, 1950-
    [Halloween. Spanish]
    Halloween / Jennifer Blizin Gillis ; [translation into Spanish by DoubleO Publishng Services].
        p. cm. -- (Historias de fiestas)
    Includes bibliographical references and index.
    ISBN-13: 978-1-4329-1959-7 (hardcover)
    ISBN-10: 1-4329-1959-8 (hardcover)
    ISBN-13: 978-1-4329-1966-5 (pbk.)
    ISBN-10: 1-4329-1966-0 (pbk.)
    1. Halloween--Juvenile literature. I. Title.
    GT4965.G5618 2008
    394.2646--dc22
                                2008036767

Acknowledgments
The author and publishers are grateful to the following for permission to reproduce copyright material: **p. 4** ©SW Productions/Getty Images; **pp. 5, 16, 23** ©Bettmann/Corbis; **p. 7** ©Elizabeth Watt Photography/ Stock Food; **pp. 8, 20** ©Mary Evans Picture Library; **pp. 9, 12, 21, 26, 28** ©Hulton Archive/Getty Images; **p. 10** ©Bob Winsett/Index Stock Imagery, Inc.; **p. 11** ©Stapleton Collection/Corbis; **p. 13** ©Roger Wood/Corbis; **p. 14** ©Erich Lessing/Art Resource, NY; **p. 15** ©Historical Picture Archive/Corbis; **pp. 17, 27** ©The Advertising Archive/Picture Desk; **p. 18** ©Alinari/Art Resource, NY; **p. 19** ©Rykoff Collection/Corbis; **p. 22** ©Underwood & Underwood/Corbis; **p. 24** ©Gaslight Advertising Archives Inc.; **p. 25** ©SuperStock, Inc. / SuperStock; **p. 29** ©Mario Tama/Getty Images

Cover photograph reproduced with the permission of ©Getty Images/Siegfried Layda

Every effort has been made to contact copyright holders of any material reproduced in this book. Any omissions will be rectified in subsequent printings if notice is given to the publisher.

Disclaimer
All the Internet addresses (URLs) given in this book were valid at the time of going to press. However, due to the dynamic nature of the Internet, some addresses may have changed, or sites may have changed or ceased to exist since publication. While the author and publisher regret any inconvenience this may cause readers, no responsibility for any such changes can be accepted by either the author or the publisher.

Contenido

¡Ya llegó *Halloween*! 4

Un nuevo hogar. 6

El Año Nuevo celta 8

Fogatas 10

Manzanas 12

Una nueva fiesta 14

Brujas y gatos negros 16

Jack O'Lantern 18

Calabazas 20

Disfraces 22

Travesuras y dulces 24

Golosinas 26

Una fiesta estadounidense 28

Fechas importantes 30

Glosario. *31*

Lectura adicional. *31*

Índice *32*

Algunas palabras aparecen en negrita, **como éstas**.
Puedes averiguar sus significados en el glosario.

¡Ya llegó *Halloween*!

Afuera está refrescando y oscureciendo. Pero las calles están llenas de niños disfrazados. Corren de casa en casa y tocan los timbres de las puertas. Luego exclaman: "*Trick or treat!*" ("¡Travesura o dulce!").

Durante muchos años, los niños se han disfrazado para *Halloween*. El 31 de octubre, recorren el vecindario y juntan golosinas. Pero, ¿de dónde proviene la idea de *Halloween*?

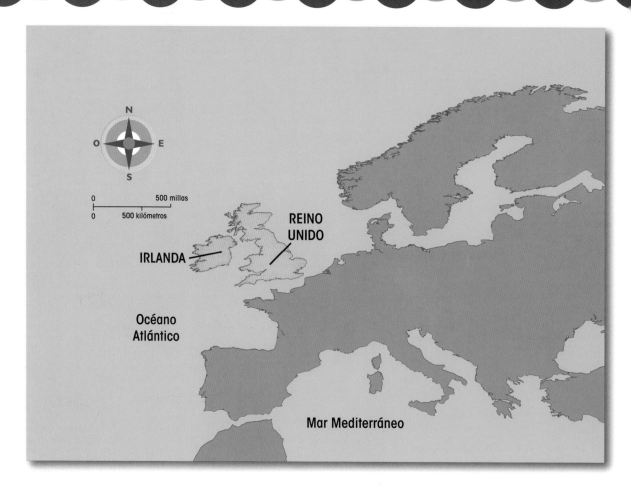

Un nuevo hogar

La fiesta de *Halloween* proviene del Reino Unido. En el siglo XIX, miles de **inmigrantes** llegaron a los Estados Unidos desde distintas partes del Reino Unido. Trajeron consigo sus costumbres al nuevo país. En Irlanda, se celebraba *Halloween* desde hacía muchos años.

Los niños irlandeses juntaban alimentos y dinero el
31 de octubre. Las familias comían *colcannon*, un plato
hecho con puré de papas, chirivía y cebollas. Los padres
escondían dinero o un anillo en el *colcannon* para que
los niños lo encontraran.

El Año Nuevo celta

Halloween fue una costumbre iniciada por los **celtas**. Los celtas eran un pueblo que vivía en el territorio que hoy ocupan los países de Inglaterra, Irlanda, Escocia y Francia. Los celtas creían que el año nuevo comenzaba el 1 de noviembre.

El 31 de octubre celebraban un **festival** llamado *Samhain*.
Samhain era un festival de la **cosecha**. Los celtas agradecían
a sus dioses por los buenos **cultivos**. Comían las frutas y
los vegetales del otoño.

Fogatas

Algunas personas encienden fogatas durante *Halloween*
para divertirse. Las fogatas eran parte del festival de *Samhain*.
Los **celtas** creían que, al terminar el año viejo, los espíritus y
los fantasmas podrían cobrar vida. Por este motivo, encendían
grandes fogatas para ahuyentar a los fantasmas.

Primero, las personas apagaban los fuegos de las chimeneas de sus casas. Luego, todos asistían a una fogata que duraba toda la noche. Quemaban **cultivos** y animales para honrar a sus dioses. Por la mañana, recogían carbones de la fogata y los llevaban a sus hogares para encender el primer fuego del año nuevo.

Manzanas

En *Halloween*, algunas personas intentan agarrar manzanas flotantes con la boca. Hace tiempo, los **romanos** se apoderaron de regiones de Inglaterra, Escocia, Irlanda y Francia. Transmitieron sus **costumbres** a los **celtas**. Tenían una importante fiesta de otoño que honraba a una diosa llamada Pomona.

Éste es un **mosaico** romano de un pájaro posado sobre una manzana.

Pomona era la diosa de las manzanas y los árboles. Las manzanas eran otro **cultivo** que las personas **cosechaban** en otoño. Enseguida, los festines del 31 de octubre incluyeron manzanas.

Una nueva fiesta

Cientos de años después de los **romanos** y los **celtas**, las personas aún conservaban una fiesta de otoño llamada "Día de todos los santos". El 1 de noviembre, las personas honraban a parientes que habían fallecido. La noche previa era la "Víspera del Día de todos los santos", o *Halloween*.

En *Halloween,* las personas pobres iban de casa en casa para pedir comida y dinero. A veces se disfrazaban o hacían graciosas acrobacias. Recibían a cambio unos cuantos centavos y dulces especiales llamados "tortitas de las almas".

Brujas y gatos negros

Algunas personas creen que la palabra "bruja" deriva del inglés antiguo. Hace mucho tiempo, en Inglaterra, a las mujeres que elaboraban medicamentos con plantas las llamaban "mujeres sabias". La palabra en inglés antiguo para mujer sabia era *wicca*.

Esta ilustración antigua muestra dos brujas preparando un brebaje.

Un gato negro con la espalda arqueada es un símbolo muy antiguo de *Halloween*.

Algunas personas creían que las brujas tenían poderes sobre los gatos. Muchos de los gatos parecían negros en la oscuridad. Sus ojos brillaban cuando la luz los iluminaba. Por eso, algunas personas creían que era mala suerte ver a un gato negro en *Halloween*.

Jack O'Lantern

En el Reino Unido, por la noche, las personas solían ver
luces que brillaban en los pantanos y los campos. Es posible
que las luces provinieran de algún tipo de gas que emiten
los pantanos. Pero algunas personas creían que los
hombres de las linternas, o los espíritus perdidos, estaban
tratando de encontrar su camino a casa. Se contaban
historias aterradoras sobre ellos.

Muchas historias trataban de un hombre de la linterna llamado Jack. Jack era muy travieso. Cuando murió, se decía que vagaba por la tierra sosteniendo una luz dentro de un nabo. En *Halloween*, se ponían velas dentro de nabos y se narraban historias acerca de *Jack O'Lantern* ("Jack de la linterna").

Esta antigua tarjeta de *Halloween* muestra a un hombre linterna que está por comer un pastel de calabaza.

Calabazas

Había pocas calabazas en Inglaterra, Irlanda o Escocia. Pero los **inmigrantes** de estos países trajeron sus espeluznantes historias sobre *Jack O'Lantern* a los Estados Unidos. Notaron que las calabazas eran un popular alimento del otoño.

En esta antigua fotografía, un niño escocés vestido con una falda escocesa balancea un *Jack O'Lantern* para espantar a un hombre que toca la gaita.

Las calabazas eran fáciles de cosechar. Era fácil tallar rostros espeluznantes en calabazas huecas. Además, servían de linternas. Se comenzaron a usar calabazas para hacer *Jack O'Lanterns* de *Halloween*.

Disfraces

Algunos **celtas** llevaban máscaras y pieles de animales para ir a la fogata de ***Samhain***. Pensaban que los fantasmas no los reconocerían si iban disfrazados. Luego, las personas pobres a veces llevaban máscaras o disfraces cuando pedían comida y dinero en *Halloween*. Pero los disfraces se hicieron verdaderamente populares en los Estados Unidos alrededor de 1920.

En un principio, los disfraces se hacían en los propios hogares. Los padres copiaban los disfraces de personajes de libros de cuentos. Pero al popularizarse las películas, los niños quisieron vestir igual que sus personajes favoritos. Algunas compañías cinematográficas comenzaron a fabricar disfraces de los personajes de sus dibujos animados.

En la década de 1950, el Ratón Mickey y el Gato Félix eran personajes de dibujos animados muy populares. Los niños vestían los disfraces de los personajes de sus dibujos animados favoritos.

Travesuras y dulces

THE SATURDAY EVENING POST

MARGARET CULKIN BANNING · DANIEL WILLARD

En el pasado, los padres no paseaban con sus hijos en *Halloween*. Entonces, los niños solían hacer travesuras a sus vecinos. A veces derribaban portones, sacudían ventanas o trataban de asustar a sus vecinos con los *Jack O'Lantern*.

Hacia la década de 1930, los vecinos quisieron poner fin a estas travesuras. Entonces, decidieron entregarles golosinas a los niños para que no hicieran travesuras. Es en este momento cuando los niños comenzaron a decir "*Trick or treat!*" ("¡Travesura o dulce!"). Quienes no les dieran golosinas deberían prepararse para una travesura.

Golosinas

Regalar dulces el 31 de octubre era una vieja idea que venía del Reino Unido. Pero entregar golosinas en *Halloween* comenzó en los Estados Unidos. Al principio, las personas ofrecían golosinas caseras, como palomitas de maíz, o caramelos. Durante la **Segunda Guerra Mundial**, era difícil conseguir azúcar. Los niños salían muy poco a pedir dulces porque se suponía que no había que mostrar luces por las noches.

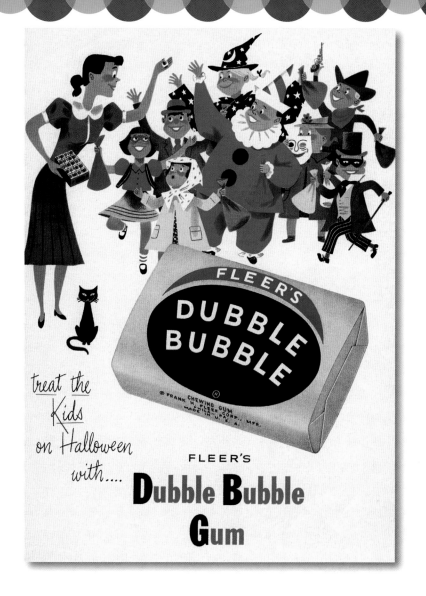

Después de la Segunda Guerra Mundial, se podía consumir tanta azúcar como uno quisiera. Los fabricantes de golosinas sabían que los niños pedían dulces en *Halloween*. Entonces anunciaron sus productos en revistas y libros de historietas.

Una fiesta estadounidense

Halloween comenzó hace miles de años en países muy lejanos. Como ha sucedido con muchas de nuestras fiestas, los **inmigrantes** trajeron *Halloween* a los Estados Unidos. En sus comienzos, era una **costumbre** que asustaba, pero ahora se ha convertido en una fiesta para divertirse.

En la actualidad, *Halloween* es una fiesta estadounidense. Muchos estadounidenses de todas las edades celebran *Halloween*.

Fechas importantes

Halloween

500 A.E.C.	Los **celtas** celebran la fiesta de otoño *Samhain* el 31 de octubre.
100 E.C.	Los **romanos** combinaron la celebración de *Samhain* con el festival en honor a Pomona, la diosa de las manzanas.
900	Las personas pobres de Inglaterra, Irlanda y Escocia celebran la Víspera del Día de todos los santos pidiendo dinero y comida casa por casa.
1840	Miles de **inmigrantes** irlandeses llegan a los Estados Unidos y traen la fiesta de *Halloween* con ellos.
1900–1930	Los niños comienzan a hacer travesuras a sus vecinos en *Halloween*.
1930	Los vecinos comienzan a ofrecer golosinas de *Halloween* a los niños para evitar que hagan travesuras.
1950	Se comienzan a anunciar golosinas de *Halloween* y a vender disfraces de los personajes de dibujos animados.

Glosario

celtas pueblo que habitó Inglaterra, Irlanda, Escocia y Francia, hace muchos años

cosechar recoger los frutos y los vegetales que han crecido

costumbre algo que las personas han hecho de la misma manera durante mucho tiempo

cultivos plantas sembradas por agricultores para alimento u otros usos

festival ocasión de celebración

hombres de las linternas luces que las personas consideraban espíritus perdidos

inmigrante persona que se traslada a un nuevo país

mosaico ilustración hecha con pequeños trozos de material

romanos pueblo que habitó lo que hoy es Italia, desde el 27 A.E.C. hasta el 312 E.C.

Samhain Víspera del Año Nuevo celta, celebrado todos los años el 31 de octubre

Segunda Guerra Mundial guerra que transcurrió entre 1939 y 1945, en la cual los Estados Unidos, Inglaterra y Francia pelearon contra Alemania, Japón e Italia

Lectura adicional

Kessel, Joyce K. *Halloween*. Minneapolis, MN: Lerner Publishing Group, 2008.

Reece, Colleen L. *El día de las brujas*. New York, NY: Children's Press, 1986.

Stamper, Judith Bauer. *Halloween Fun Activity Book*. Manwah, NJ: Troll Communications, LLC., 2003.

Índice

Año Nuevo. 8

brujas 16, 17

calabazas 20

celtas 8, 9, 10, 12, 14, 22

cosecha 9

Día de todos los santos. 14

disfraces 22-23

dulce. 25

Escocia 12

fogatas 10-11

Francia 8, 12

golosinas. 26-27

hombres de las linternas 18

Inglaterra. 8, 16

inmigrantes 20, 28

Irlanda. 6, 8

Jack O' Lantern 18-19, 20, 21

manzanas 12-13

pantanos 18

personajes. 23

Pomona. 13

Reino Unido. 6, 18

romanos 12, 14

Samhain 9, 10

Segunda Guerra Mundial. 26, 27

tortitas de las almas 15

travesuras 19, 24

Víspera del Día de todos los santos. . 14

DISCARD

DISCARD

HBRAX   + SP
394
.264
G

GILLIS, JENNIFER BLIZIN
HALLOWEEN

BRACEWELL
12/09